Fabian Weber

Logistikprozesse - Potentiale erkennen und nutzen

Fabian Weber

Logistikprozesse - Potentiale erkennen und nutzen

Storage Optimization

Reihe Gesellschaftswissenschaften

Impressum / Imprint
Bibliografische Information der Deutschen Nationalbibliothek: Die Deutsche Nationalbibliothek verzeichnet diese Publikation in der Deutschen Nationalbibliografie; detaillierte bibliografische Daten sind im Internet über http://dnb.d-nb.de abrufbar.
Alle in diesem Buch genannten Marken und Produktnamen unterliegen warenzeichen-, marken- oder patentrechtlichem Schutz bzw. sind Warenzeichen oder eingetragene Warenzeichen der jeweiligen Inhaber. Die Wiedergabe von Marken, Produktnamen, Gebrauchsnamen, Handelsnamen, Warenbezeichnungen u.s.w. in diesem Werk berechtigt auch ohne besondere Kennzeichnung nicht zu der Annahme, dass solche Namen im Sinne der Warenzeichen- und Markenschutzgesetzgebung als frei zu betrachten wären und daher von jedermann benutzt werden dürften.

Bibliographic information published by the Deutsche Nationalbibliothek: The Deutsche Nationalbibliothek lists this publication in the Deutsche Nationalbibliografie; detailed bibliographic data are available in the Internet at http://dnb.d-nb.de.
Any brand names and product names mentioned in this book are subject to trademark, brand or patent protection and are trademarks or registered trademarks of their respective holders. The use of brand names, product names, common names, trade names, product descriptions etc. even without a particular marking in this works is in no way to be construed to mean that such names may be regarded as unrestricted in respect of trademark and brand protection legislation and could thus be used by anyone.

Coverbild / Cover image: www.ingimage.com

Verlag / Publisher:
AV Akademikerverlag
ist ein Imprint der / is a trademark of
OmniScriptum GmbH & Co. KG
Heinrich-Böcking-Str. 6-8, 66121 Saarbrücken, Deutschland / Germany
Email: info@akademikerverlag.de

Herstellung: siehe letzte Seite /
Printed at: see last page
ISBN: 978-3-639-49291-0

Copyright © 2013 OmniScriptum GmbH & Co. KG
Alle Rechte vorbehalten. / All rights reserved. Saarbrücken 2013

Danksagung/Vorwort

Im Vorfeld der folgenden Ausführungen zur Lageroptimierung beim Logistikdienstleister Agiflex möchte ich mich bei all denjenigen bedanken, die mich bei der Anfertigung

dieser Bachelorarbeit mit Praxisanwendung unterstützt haben.

An erster Stelle zu nennen ist hierbei Herr Prof. Dr. Eric Sucky, der mir durch seine Anregungen und seine Geduld immer wieder eine große Hilfe war.

Des Weiteren möchte ich mich bei der Geschäftsleitung der Firma agiflex GmbH Logistik und Service, aber besonders bei Herrn Stefan Grosch, meinem Mentor, für den Einsatz und die Zeit und darüber hinaus für die vielen guten Ratschläge bedanken.

Schließlich, aber nicht mit geringerer Wertschätzung, danke ich an dieser Stelle meinen Eltern, die mir dieses Studium überhaupt erst ermöglicht und mich die komplette Zeit über moralisch unterstützt haben.

Inhaltsverzeichnis

1. Kapitel: Definition wichtiger logistischer Begriffe: 1
    1.1 Einleitung: 1

    1.2 Problemstellung 6

2. Kapitel: Messung der relevanten Daten 7
    2.1 Auswahl der relevanten Datensätze 8

    2.2 Erstellung einer Übersicht über die Messdaten 14

3. Kapitel: Analyse 24
    3.1 ABC Analyse 24

    3.2 Optimierung des Großteillagers 37

    3.2.1 Aufzeigen von Quickwins über den Betrachtungszeitraum vom 21.03.2012 bis 26.11.2012 . 42

    3.2.2 Langfristige Planungen 46

4. Kapitel: Kontrolle der Ergebnisse 49
    4.1 Vergleich vorher und nachher in Bezug auf die Optimierung 50

    4.2 Schlusswort/Resümee 50

Abbildungsverzeichnis:

Abbildung 2-1: Screenshot mit TA Übersichtsnummer 22.000 bis 22.500 _____ 8
Abbildung 2-2: Screenshot vom Daten-Export nach Excel _____ 9
Abbildung 2-3: Transportaufträge 22.000 bis 29.142 nach Auftragsnummern _ 14
Abbildung 2-4: Screenshot von Excel Tabelle, Berechnung von Pivot Elementen _____ 18
Abbildung 2-5: Transportkisten _____ 21
Abbildung 2-6: Betrachtung Lagerregalsystem Halle 1 _____ 22
Abbildung 2-7: Warenausgang Bild 1 _____ 23
Abbildung 3-1: Kummer Grafik Seite 104 oben _____ 25
Abbildung 3-2: Kummer Grafik Seite 104 unten _____ 26
Abbildung 3-3: Kummer Grafik Seite 105 _____ 27
Abbildung 3-4: Kummer Grafik Seite 111 _____ 29
Abbildung 3-5: Sigloch, Egner, Wildner Grafik Seite 81 _____ 30
Abbildung 3-6: Transportaufträge 22.000 bis 29.142 nach Auftragsnummern Grafik A-B-C-Teile _____ 37
Abbildung 3-7: Bild Regalsystem 1 _____ 40
Abbildung 3-8: Bild Regalsystem 3 _____ 41
Abbildung 3-9: Bild Regalsystem 4 _____ 42
Abbildung 3-10: ERDGESCHOSS Agiflex 2 _____ 46
Abbildung 3-11: Bild Maschinenwagen alt _____ 47
Abbildung 3-12: Bild Maschinenwagen neu _____ 48
Abbildung 4-1: Bild ERDGESCHOSS Agiflex _____ 49

Tabellenverzeichnis:

Tabelle 2-1: Berechnung TA ___ 10
Tabelle 2-2: Übersicht Positionen und Zeit ___ 11
Tabelle 2-3: Zeiten Übersicht ___ 12
Tabelle 2-4: Zeiten Übersicht Optimaler Fall ___ 13
Tabelle 2-5: Transportaufträge 22.000 bis 29.142 nach Auftragsnummern Teil 1 ___ 15
Tabelle 2-6: Transportaufträge 22.000 bis 29.142 nach Auftragsnummern Teil 2 ___ 16
Tabelle 2-7: Transportaufträge 22.000 bis 29.142 nach Auftragsnummern Teil 3 ___ 17
Tabelle 2-8: Transportaufträge 22.000 bis 29.142 nach Auftragsnummern Teil 4 ___ 17
Tabelle 2-9: Pivot TA nach A-Nr. ___ 19
Tabelle 3-1: Transportaufträge 22.000 bis 29.142 nach Auftragsnummern A-Teile ___ 34
Tabelle 3-2: Transportaufträge 22.000 bis 29.142 nach Auftragsnummern B-Teile Auszug ___ 35
Tabelle 3-3: Transportaufträge 22.000 bis 29.142 nach Auftragsnummern C-Teile Auszug ___ 36
Tabelle 3-4: Transportaufträge 22.000 bis 29.142 nach Auftragsnummern A Teile Optimierung ___ 43
Tabelle 3-5: Transportaufträge 22.000 bis 29.142 nach Auftragsnummern B Teile Optimierung ___ 45

1. Kapitel: Definition wichtiger logistischer Begriffe:

Um diese Bachelorarbeit auf eine sichere terminologische Basis zu stellen, soll im folgenden Kapitel zunächst etwas definitorische Grundarbeit geleistet werden.

1.1 Einleitung:

Definition der Logistik

Die heutige moderne Logistik beinhaltet die Planung, Realisierung und die Kontrolle der Güter- und Informationsflüsse und zudem erfordert sie auch das Verständnis und die Konzepte unternehmerischer Prozesse. Da diese komplexen Strukturen den Verbrauchern häufig verborgen bleiben, ist es dennoch wichtig zu bedenken, dass die Logistik schon längst zu einem unverzichtbaren Teil unseres täglichen Lebens geworden ist. Für die Zukunft kann angenommen werden, dass die Logistik branchenübergreifend zunehmend wichtiger wird. Sie ist dafür zuständig, dass die Güter und Waren immer zu einer gewissen Zeit in der richtigen Menge an dem Ort sind, an dem sie benötigt werden. Aus diesem Grund generiert die Logistik, aus heutiger Sicht, Innovationen und schafft auf der ganzen Welt Arbeitsplätze. Jeder Mensch hat täglich mit Logistik zu tun, sei es in direkter oder indirekter Weise. Der direkte Weg bedeutet, z.B., dass ein Paketdienst an der Türe klingelt und die am Tag zuvor bestellte Ware abliefert bzw. zustellt. Der indirekte Weg meint, z.B., wenn Sie auf der Straße einen LKW oder Kleintransporter, mit der Aufschrift: „Logistics", „Supply Chain Management" oder „Kontrakt-Logistik", sehen. Der Begriff Logistik aber, wenn man sich mit ihm genauer beschäftigt und ihn hinterfragt, umfasst weit mehr als nur Paketdienst und Spedition. Selbst in einem Produkt stecken mehr oder weniger schon logistische Vorleistungen. Das

Unternehmen, welches Produkte fertigt, benötigt auch für die Produktionsplanung, die Materialbeschaffung, Montage und Auslieferung des Endproduktes logistische Unterstützung.[1]

Pfohl ist hier der Meinung: „Die Logistik habe dafür zu sorgen, dass ein Empfangspunkt gemäß seines Bedarfs von einem Lieferpunkt mit dem richtigen Produkt (in Menge und Sorte), im richtigen Zustand, zur richtigen Zeit, am richtigen Ort zu den dafür minimalen Kosten versorgt werde."[2] Dabei ist die Logistik mehr als nur der Warentransport von A nach B. Vielmehr verbirgt sich hinter dem Begriff Logistik die Organisation und Steuerung der gesamten Wertschöpfungsketten - der sogenannten Supply Chains.[3]

Eine andere Sicht hat das Council of Supply Chain Management Professionals: „Logistik sei der Prozess der Planung, Realisierung und Kontrolle des effizienten, kosteneffektiven Fließens und Lagerns von Rohstoffen, Halbfabrikaten und Fertigfabrikaten und der damit zusammenhängenden Informationen vom Liefer- zum Empfangspunkt entsprechend den Anforderungen des Kunden."[4] Der Ursprung des modernen Logistikbegriffes wird häufig im militärischen Bereich vermutet. Dort wird Logistik als Sammelbegriff für die Gesamtheit der Aufgaben, die der Unterstützung der Streitkräfte dienen, verwendet. Die Suche nach der Herkunft der Logistik muss aber schon viel früher angesetzt werden. So ist z.B. bereits in der Antike beim Bau von Pyramiden die grenzüberschreitende Beschaffungs-Logistik und Bautechnik so verfeinert worden, dass ein Weltwunder wie die Cheopspyramide entstehen konnte. Ein dritter Punkt sind Trends und Herausforderungen für die moderne Logistik. In unserer heutigen Welt spielt die Logistik in der Wirtschaft eine wesentliche Rolle. Ihr Marktvolumen hat bereits in vielen Volks-

---

[1] Vgl. DHL, 09.12.2012, S.1
[2] Vgl. Pfohl, H.-Chr., 2004
[3] Vgl. DHL, 09.12.2012, S.1
[4] Vgl. CSCMP, 2007

wirtschaften eine stattliche Größe erreicht. Die weltweit erfolgreichen Unternehmen haben die Bedeutung der Logistik für die Wertsteigerung längst erkannt. Unternehmen, die in der Supply Chain zusammenarbeiten, brauchen zwingend eine Kundenorientierung. In der Zukunft werden das Potenzial und die Macht der weltweiten Logistikmärkte, auch durch wirtschaftliche Faktoren und Einflüsse, weiter ansteigen. Sogenannte Megatrends sind die zunehmende Globalisierung mit der Internationalisierung von Beschaffung, Produktion und Absatz, sowie der Wandel von der Produktions- zur Dienstleistungsgesellschaft. Es müssen auch die immer kürzer werdenden Produktlebenszyklen und die wachsende Umweltsensibilität beachtet werden. Alle Produktions- und Handelsunternehmen sind für ihre Produktion und Distribution auf Logistik angewiesen. Diese übernehmen heutzutage meistens die sogenannten Logistikdienstleister. Leistungen der Dienstleister sind z.B. Transport, Umschlag und Lagern von Produkten über standardisierte Kurier-, Express- und Paketdienste bis hin zu maßgeschneiderten kundenspezifischen Logistiklösungen in der sogenannten Kontraktlogistik. Das Leistungsspektrum der Logistik lässt sich in einzelne Themenbereiche aufteilen. Diese werden zum einen nach der Art der Verrichtung in Auftragsabwicklung, Lagerhaus bzw. Lagerhaltung, Verpackung und Transport unterteilt, zum anderen betrachtet man den Fluss eines Produktes von der Beschaffung der Rohstoffe über die Verarbeitung zum Endprodukt bis zur Verteilung an die Kunden. Diese werden in fünf Phasen aufgeteilt. Beschaffungs-Logistik, Produktions-Logistik, Distributions-Logistik, Ersatzteil-Logistik und Entsorgungs-Logistik. Die verrichtungs- und phasenspezifische Perspektive sind dabei eng miteinander verknüpft. Denn in jeder Phase der Logistikprozesse können auch sämtliche Verrichtungen ausgeübt werden. Aus diesem Grund gibt es Lagerhäuser, die für die Beschaffung, für die Produktion oder für die Distribution wichtig sind. Innovative Technologien gehören natürlich auch zum Begriff der Logistik, da sie häufig den Grundstein für logistische Innovationen darstellen. So ist beispielsweise die Intralogistik eine Tendenz von der zentralen Materialflusssteuerung zur Dezentralisierung und Modularisierung der

Fördertechnik. Entwicklungen, im Bereich der Identifikations- und Kommunikationstechnologien, stehen in einer engen wechselseitigen Beziehung zur Logistik. Beispiele für solche Systeme sind der Barcode oder die RFID-Technologie (Radio-Frequency-Indetification). Ein weiterer Punkt ist die Integration verschiedener Anwendungen in Softwaresysteme, die der Logistik globale Chancen bietet, die Abläufe des weltweiten Warenaustausches zu optimieren. So sind heute bereits häufig innerbetriebliche Warehousemanagementsysteme und Lösungen zur Tourenplanung mit Verkehrstelematik (Tourenplanung) ein Bestandteil der modernen Logistik. Auch innovative Ansätze zum Klimaschutz, wie die Reduktion der Emissionen von Treibhausgasen, spielen eine immer wichtigere Rolle.[5]

Servicedenken

Ein nicht zu unterschätzender Aspekt bei der Beschäftigung mit Logistik ist der Servicegedanke. Bei nahezu identischen Produkten unterschiedlicher Unternehmen spielt der beste Service im Wettbewerb, sowie auch der Kundenservice oder die Kundenbetreuung, eine wichtige Rolle. Deshalb hat die Logistikbranche erkannt, dass ein exzellenter Lieferservice zur Kundenzufriedenheit und zur deutlichen Differenzierung vom Wettbewerb beiträgt. Nicht nur die Lieferzeit, sondern auch die Zuverlässigkeit, die Qualität und die Flexibilität der Lieferung sind ein wichtiger Erfolgsfaktor. Die Kundenzufriedenheit ist bei fast allen Unternehmen ein bedeutendes Ziel, da zufriedene Kunden sich länger an das Unternehmen binden, weil sie diese Produkte vergleichbaren Produkten von anderen Unternehmen, aufgrund des exzellenten Kundenservices, vorziehen. Logistische Leistungen sind ganz allgemein gesehen Dienstleistungen, die im Zusammenhang mit der Materialversorgung eines Unternehmens (Versorgungsservice), sowie mit der Auslieferung von Waren an Kunden (Lieferservice), stehen. Dabei setzt sich der Liefer- bzw. Versorgungsservice im Wesentlichen aus der Lieferzeit, Lieferfähigkeit,

---

[5] Vgl. DHL, 09.12.2012, S.2-4

Lieferzuverlässigkeit, Lieferungsbeschaffenheit und der Lieferflexibilität zusammen.[6]

Definition der Distributions-Logistik

Abschließend soll an dieser Stelle noch einmal ausführlicher auf den bereits mehrfach angeschnittenen Begriff der Distributions-Logistik eingegangen werden. Der Ausgangspunkt der Distributions-Logistik ist der Gütertransport vom Hersteller zum Verbraucher. So bringt ein firmeneigener LKW eines großen Supermarktes früh am Morgen Nachschub für alle Güter, die am Tag zuvor verkauft wurden. Mit diesen und anderen Ansätzen der Kundenbelieferung mit Produkten befasst sich die Distributions-Logistik. Dabei umfasst sie mehr als nur den einfachen Transport von A nach B. Die Distributions-Logistik beinhaltet alle Aktivitäten, die in einem Zusammenhang mit der Belieferung des Kunden mit Fertigfabrikaten und Handelsware stehen. Die Belieferung kann dabei direkt aus dem Produktionsprozess erfolgen – oder aber vom Absatzlager, das nahe der Produktionsstätte liegt, und gegebenenfalls über weitere regionale Auslieferungslager verfügt. Aus der Kundenorientierung folgt die große Bedeutung des Servicedenkens für die Distributions-Logistik. Es gilt, ständig nach innovativen Möglichkeiten zu suchen, die dem Kunden bessere logistische Problemlösungen bieten. Dabei werden besondere Anforderungen gestellt, weil das klassische Marketingprinzip „marktorientiert zu produzieren" zunehmend durch das zukunftsorientierte Marketingprinzip „erst verkaufen, dann produzieren" abgelöst wird. Außerdem wird die Leistung gegenüber dem Kunden immer häufiger in sehr differenzierter Weise nach dem „Just for you" –Prinzip erbracht. Beide Tendenzen fordern eine große Serviceschnelligkeit und –flexibilität. Wenn der Lieferservice als Instrument der Marketingpolitik gesehen wird, müssen Interdependenzen mit den anderen Instru-

---

[6] Vgl. DHL, 09.12.2012, S.1-2

menten berücksichtigt werden, da die Instrumente der Marketingpolitik nur in ihrer Kombination im Marketing-Mix wirken. Dabei werden die marktpolitischen Instrumente zu Instrumenten der Produktpolitik, der Kontrahierungs- bzw. Konditionenpolitik, der Kommunikationspolitik und der Distributionspolitik zusammengefasst.[7]

1.2 Problemstellung

Nachdem nun einige wichtige logistische Begriffe definiert wurden, soll nun näher auf die Problemstellung dieser Arbeit eingegangen werden. Ausgangspunkt für diese Bachelorarbeit war die Frage, ob das Lagersystem bei der Firma Agiflex, unter der Berücksichtigung der Transportauftrags-Übersicht von der Nummer 22.000 bis zur Nummer 29.142, im Zeitraum vom 21.03.2012 bis 26.11.2012, zu optimieren wäre. Dies wird genauer untersucht und kritisch hinterfragt. Hierzu werden Durchschnittswerte ermittelt, z.B. wie viele Teile ein Mitarbeiter in 8 Stunden Arbeitszeit bewältigt. Weiterhin stellt sich die Frage, welche Strecke ein Mitarbeiter im Lager zurücklegen muss, um die Kommissionierung des Auftrages abzuschließen. Ferner welche weiteren Aufgaben ein Mitarbeiter in seiner achtstündigen Arbeitszeit noch zusätzlich auszuführen hat, z.B. PC-Aufgaben, Verpackung der Waren und Etikettendruck. Diese Arbeit soll beweisen, dass durch eine Optimierung des Lagerungssystems bei Agiflex eine Kosteneinsparung möglich ist. So könnte das Unternehmen mehr Aufträge pro Tag abarbeiten und dadurch Umsatz und Gewinn steigern, sowie langfristige Ziele erfüllen. Dies soll in dieser Arbeit nach folgendem Aufbau geleistet werden. Nach einer definitorischen Einleitung (Punkt 1.1) und der anschließenden Konkretisierung der Problemstellung (Punkt 1.2) wird im zweiten Kapitel näher auf die Auswahl der relevanten Datensätze (Punkt 2.1) und auf die Erstellung einer Übersicht über die Messdaten (Punkt 2.2) eingegangen, die sozusagen den Ausgangspunkt für das

---

[7] Vgl. DHL, 09.12.2012, S.1-2

weitere Vorgehen darstellt. Hierbei wird die Excel-Tabelle, die ausgearbeitet wurde, in Auszügen behandelt und auf wichtige Stellen besonders eingegangen. Das dritte Kapitel beschäftigt sich mit der ABC-Analyse (Punkt 3.1), wobei hier auf verschiedene Meinungen einiger Autoren der Fokus gelegt wird. Anschließend erfolgt die Optimierung des Großteillagers hinsichtlich der zurückgelegten Wege, basierend auf der ABC- Analyse (Punkt 3.2), dem Aufzeigen von Quickwins (Punkt 3.2.1) und den langfristigen Planungen (Punkt 3.2.2). Im letzten und vierten Kapitel wird anhand eines Vergleiches die Situation im Lager vor und nach der Wegeoptimierung (Punkt 4.1) erläutert, um abschließend in einem Resümee noch einmal die wichtigsten Erkenntnisgewinne dieser Arbeit herauszustellen.

2. Kapitel: Messung der relevanten Daten

In Kapitel 2 wird ein Einblick, auf welcher Grundlage die Datenerhebung stattfindet, gewährt. Unterpunkt 2.1 legt dafür zunächst den Bereich für die Transportauftragsnummern von 22.000 bis 29.142 fest. Im Anschluss wird die Zeitspanne betrachtet (21.03.2012 bis 26.11.2012), in der diese Auftragsnummern liegen. Nun werden die vorherigen theoretischen Erklärungen mit ein paar Abbildungen/Tabellen veranschaulicht und im Detail erläutert.

2.1 Auswahl der relevanten Datensätze

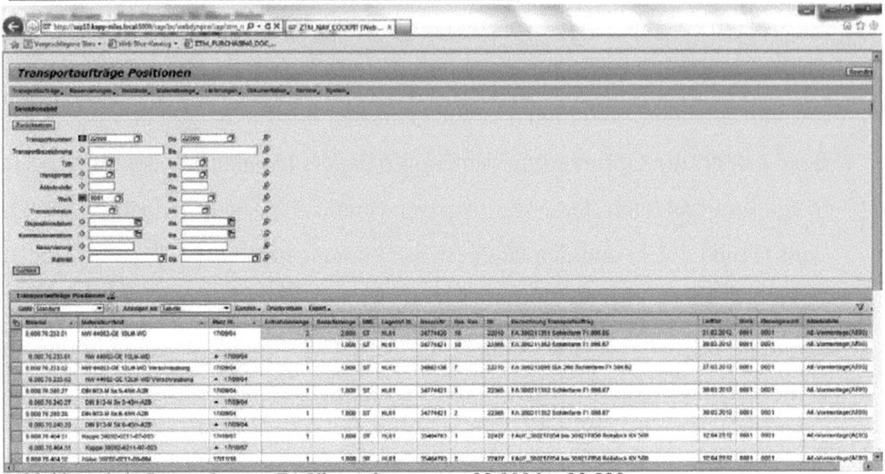

Abbildung 2-1: Screenshot mit TA Übersichtsnummer 22.000 bis 22.500

Diese Abbildung zeigt die Webanwendung basierend auf SAP, mit deren Hilfe relevante Datensätze ausgewählt werden. Hierzu wird wie folgt verfahren. Als Erstes werden die Transportauftragsnummern, die untersucht werden sollen, festgesetzt. In einem zweiten Schritt werden diese in fünfhunderter Schritten in das SAP Kommissionierungs Cockpit eingegeben und für den Export nach Excel vorbereitet, auf den im Anschluss noch detaillierter eingegangen wird. Ein weiterer Punkt ist, dass große Datenmengen aus der SAP Datenbank verwendet werden, dies nimmt einige Zeit in Anspruch, bis alle Anfragen bearbeitet sind und der User die von ihm gewünschten Daten sieht und mit diesen arbeiten kann.

Die Export Abbildung:

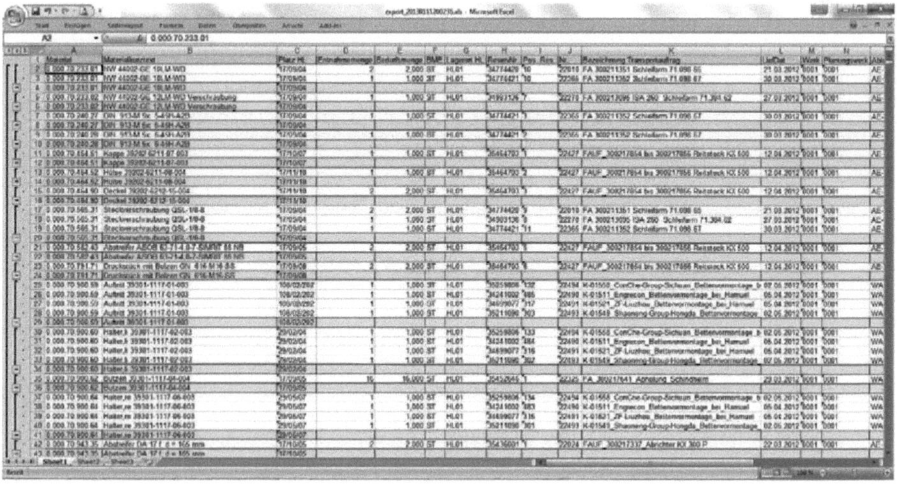

Abbildung 2-2: Screenshot vom Daten-Export nach Excel

Beim Export nach Excel gilt zu beachten, dass kein Schritt vergessen wird und dass alle Datensätze von 22.000 bis 29.142 am Ende in einer Excel Tabelle zusammengefasst werden. Die Informationen, die für diese Arbeit irrrelevant sind, werden entfernt. Anschließend werden die erworbenen Daten dann nach den Vorgaben im Detail bearbeitet, wobei nach Abschluss des Exportes alle leeren Zeilen und Spalten entfernt werden.

Detailbetrachtung der Excel-Tabelle:

Auf-trags-nummer:	Anzahl Positionen	Anzahl Meter(m)	Startzeit:	Ende it:	Meter pro Position	Zeit gesamt in Minuten	Zeit für eine Position in Minuten
28815	129	2450	6:55	11:55	18,99	360	2,33

Tabelle 2-1: Berechnung TA

Dieser Auftrag wurde herausgenommen, um zu verdeutlichen, welche Daten wichtig und welche Daten es nicht sind. Speziell bei diesem Auftrag muss der Mitarbeiter die Teile nach sogenannten Untergliederungen auf Paletten bauen. Somit kann der Kunde die Teile für die Maschine in einer bestimmten Reihenfolge verbauen. Bei diesem Auftrag ist es erstaunlich zu sehen, dass der Mitarbeiter für 129 Positionen 6 Stunden benötigt und in dieser Zeit eine Strecke von 2450 Metern zurücklegt. Die restlichen 2 Arbeitsstunden ist der Mitarbeiter mit Schreib- und PC-Arbeiten beschäftigt, auf die später noch eingegangen wird. Des Weiteren ist aus der Übersicht zu entnehmen, dass ein Mitarbeiter für eine Auftragsposition einen Weg von 18,99 Meter (Berechnung: 2450/129=18,99 Meter) zurücklegt und 2,33 Minuten (Berechnung: 300/129=2,33 Minuten) für diesen Weg benötigt. Folgende Tabelle stellt eine Übersicht dar, die dem Leser dieser Arbeit zum besseren Verständnis des Sachverhaltes dienen soll. Ein Schema für die Berechnung der benötigten Zeit für eine genau festgelegte und definierte Anzahl von Positionen wird dem Leser visuell gezeigt.

Die nächste Tabelle:

Positionsanzahl:	Zeit für eine Position in Minuten gerundet	Ergebnis in Minuten:	Gelaufene Meter pro Position gerundet	Ergebnis in Meter:
10	2,33	23	19	189,92
20	2,33	47	19	379,84
30	2,33	70	19	569,77
40	2,33	93	19	759,69
50	2,33	116	19	949,61
60	2,33	140	19	1139,53
70	2,33	163	19	1329,46
80	2,33	186	19	1519,38
90	2,33	209	19	1709,30
100	2,33	233	19	1899,22
110	2,33	256	19	2089,15
120	2,33	279	19	2279,07
130	2,33	302	19	2468,99
140	2,33	326	19	2658,91

Tabelle 2-2: Übersicht Positionen und Zeit

Diese Tabelle soll verdeutlichen, wie viel Zeit ein Mitarbeiter für die Anzahl von Aufträgen mit einer bestimmten Positionsanzahl benötigt. Verwendet werden die bereits berechneten Daten, 2,33 Minuten für eine Position und die Strecke von 19 Metern. 1 Minute ist hierbei der Fix Anteil und 1,33 Minuten sind der variable Anteil. So benötigt ein Mitarbeiter für 100 Positionen ungefähr 233 Minuten und läuft dabei eine Strecke von circa 1900 Metern. Dies ist bereits das halbe Arbeitspensum eines Mitarbeiters an einem Arbeitstag. Wenn bedacht wird, dass man durch eine Optimierung den langen Weg vermeiden kann, so ist dies anhand von folgenden Gesichtspunkten sehr sinnvoll. Auf die Optimierung wird in Kapitel 3, speziell in Kapitel 3.2 bis 3.2.2, eingegangen. Später mehr zu diesem Thema.

Als Abschluss des Kapitels 2.1 wird nun eine zwei geteilte Übersicht dargestellt, wie viel ein Mitarbeiter in 8 Stunden Arbeitszeit erledigt und wie viel Restzeit er noch für seine eigentliche Aufgabe, der Bearbeitung und Bereitstellung von Paletten oder Maschinenwägen, zur Verfügung hat.

In 8 Stunden Arbeit enthalten:
Kommissionierungs- und Begleitpapiere Drucken: 15 Minuten
Etikettendrucken: 60 Minuten
Paletten bereitstellen und Waren verpacken: 45 Minuten
8 Stunden -2 Stunden = 6 Stunden verbleibend für Auftrag

Tabelle 2-3: Zeiten Übersicht

Der Mitarbeiter verbringt 2 Stunden von den 8 Stunden Arbeitszeit mit dem Ausdruck der Kommissionierungsübersicht und den Begleitpapieren (circa 15 Minuten), dem Ausdruck von Etiketten (circa 60 Minuten) und der Bereitstellung der Ware in Paletten, mit ordnungsgemäßer Verpackung (circa 45 Minuten). Wenn diese 3 Faktoren berücksichtigt werden, dann hat der Mitarbeiter im Endeffekt nur 6 Stunden Zeit um seine Soll-Stückzahl von Positionen zu erledigen. Zu Beginn wird die Kommissionierungsübersicht für den Transportauftrag (TA) vom Mitarbeiter ausgedruckt. Danach überprüft er, ob der Auftrag Untergliederungen hat und Paletten oder ein Maschinenwagen für die Teile benötigt werden. Als nächstes werden für den Auftrag die Etiketten vom Mitarbeiter ausgedruckt, die zu einem späteren Zeitpunkt auf die Teile aufgeklebt werden. Wenn diese beiden Punkte abgeschlossen sind, dann erst beginnt der Mitarbeiter mit der Aufgabe, der Kommissionierung, in dem er Teil für Teil aus den angegebenen Lagerplätzen holt und entweder in Paletten oder einen Maschinenwagen packt, wobei doch gerade dieser Punkt die Hauptarbeit des Mitarbeiters darstellt. Nach Abschluss der

Kommissionierung und der Etikettierung werden die herausgesuchten Teile auf den Paletten oder dem Maschinenwagen transportsicher verpackt. Wenn dies erledigt ist, druckt der Mitarbeiter den Transportauftrag Warenbegleitschein aus und legt diesen mit in eine der Paletten. Alle Paletten, die zu diesem Auftrag gehören, werden beschriftet und zum Warenausgang gefahren. Der Transportauftrag Warenbegleitschein gibt dem LKW Fahrer an, an welchem Bahnhof er die Ware abliefern soll. Im Werk 1, der Firma Kapp in Coburg, gibt es für jede Abteilung einen zugehörigen Bahnhof. Die Bereitstellung der Ware in Paletten oder in Maschinenwägen dient dazu, dass die jeweiligen Abteilungen bei dem Unternehmen Kapp die Teile nicht erst aus dem Lager heraussuchen müssen, sondern gleich mit dem Aufbau der Komponenten beginnen können.

Somit hat die Firma Kapp eine Zeitersparnis, wodurch die Mitarbeiter sich auf den Zusammenbau der Maschinen konzentrieren können und die Bereitstellung der Teile an einen Dienstleister, in diesem Fall Agiflex outgesourct haben.

Soll-Arbeitspensum eines Mitarbeiters bei der Firma Agiflex an einem Arbeitstag:

Ein Mitarbeiter schafft in 8 Stunden (480 Minuten) ungefähr 220 Teile	
2,18	Minuten pro Position im optimalen Fall in der Theorie, in der Praxis aber 2,33 Minuten
281,45	Minuten für 129 Positionen komplett
4,69	Zeit für 129 Position, die ein Mitarbeiter dafür benötigt

Tabelle 2-4: Zeiten Übersicht Optimaler Fall

Die 2,18 Minuten beschreiben, wie in der Übersicht dargestellt, den optimalen Fall, wie viel Zeit ein Mitarbeiter für eine Position brauchen darf. In der Praxis wird jedoch nur ein Wert von 2,33 Minuten erreicht. 1 Minute ist dabei der Fix–Anteil und 1,33 Minuten der Variable-Anteil, der das Ein- und Auslagern der

Teile beinhaltet. Somit wird im optimalen Fall damit gerechnet, dass ein Mitarbeiter für 129 Positionen 281,45 Minuten braucht, dies entspricht wiederum für diesen Auftrag 4,69 Stunden. Zum Schluss dieses Kapitels 2.1 ist noch zu bemerken, dass in den 2,18 Minuten pro Position/ Teil die anderen Faktoren wie, Kommissionierungsdruck, Begleitpapierdruck, Etikettendruck und Verpackung mit enthalten sind. Eine Aufgabenänderung erscheint dementsprechend sinnvoll.

2.2 Erstellung einer Übersicht über die Messdaten

Im Kapitel 2.2 wird genauer auf die Erstellung der Übersicht über die wichtigsten Messdaten eingegangen. Hierzu wird folgende Tabelle mit verschiedenen Werten erklärt. Aber zuerst ein Screenshot von der Excel Tabelle, die im weiteren Verlauf spezifischer zerlegt wird.

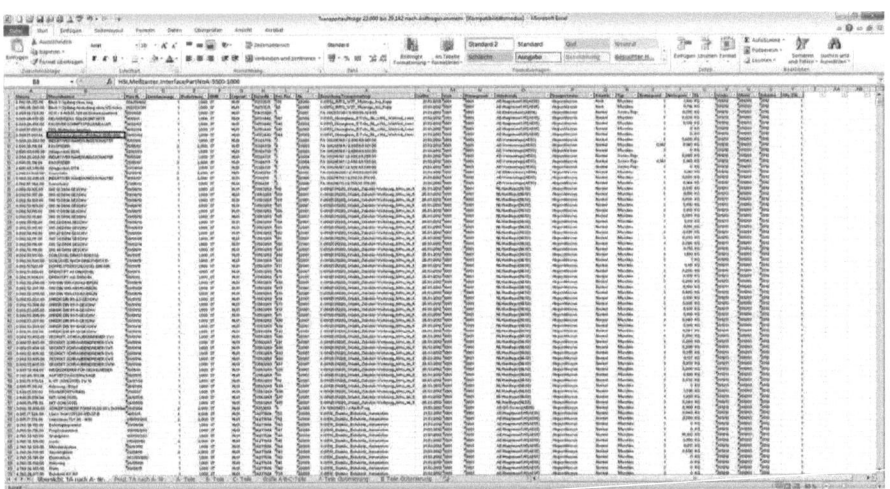

Abbildung 2-3: Transportaufträge 22.000 bis 29.142 nach Auftragsnummern

Material	Materialkurztext	Platz HL	Entnahmemenge	Bedarfsmenge	BME
2.760.06.355.00	Blech Y-Spülung oben, lang	004/01/402	1	1,000	ST
2.760.06.360.00	Blech Y-Spülung Abdeckung oben, WZ-Achse	002/03/301	1	1,000	ST
0.009.56.729.00	SCSI > 9.909.56.729.00 Diskettenlaufwerk	05/01/08	1	1,000	ST

Tabelle 2-5: Transportaufträge 22.000 bis 29.142 nach Auftragsnummern Teil 1

Der Punkt Material legt die Nummer fest, welche jedes Teil im Lager hat und unter der es auch in SAP verwaltet wird. Der Materialkurztext ist eine kurze Erklärung oder eigentlich trifft die Formulierung Bezeichnung besser zu. Der Platz HL gibt an, an welchem Ort der Artikel gelagert wird. Die Entnahmemenge gibt für diesen Auftrag an, wie viele Teile entnommen wurden. Die Bedarfsmenge gibt an, wie viele Teile benötigt werden und BME sagt aus, welche Art es ist. Es gibt die Bedarfsmengeneinheit (BME) z.B. ST(= Stück) und die Bezeichnung VE (= Verpackungseinheit), usw.

Teil 2 der Übersicht:

Material	Lagerort HL	ReservNr	Pos. Res.	Nr.	Bezeichnung Transportauftrag
2.760.06.3 55.00	HL01	35233 535	570	220 00	K-01552_IMTS_WZT_Montage_bei_Kapp
2.760.06.3 60.00	HL01	35233 535	40	220 00	K-01552_IMTS_WZT_Montage_bei_Kapp
0.009.56.7 29.00	HL01	35435 920	1	220 01	FA 300217330 / 9.909.56.729.00

Tabelle 2-6: Transportaufträge 22.000 bis 29.142 nach Auftragsnummern Teil 2

In dieser Übersicht wird der Lagerort HL01 beschrieben, was bedeutet, dass dieses Teil bei Agiflex lagert. Ein weiterer Punkt ist die ReservNr und die Pos.Res. Interessanter ist die Nummer 22.000, welche die TA Auftragsnummer bezeichnet. Der Punkt Bezeichnung TA-Auftrag ist die Nummer, unter der dieser im SAP System mit der jeweiligen TA Bezeichnung geführt wird.

Teil 3 der Übersicht:

Material	Lief-Dat	Werk	Planungswerk	Abladestelle	Transportstatus	Priorität
2.760.06.3 55.00	21.03.2012	0001	0001	AE-Hauptmont1.H7(AE05)	Abgeschlossen	Hoch
2.760.06.3 60.00	21.03.2012	0001	0001	AE-Hauptmont1.H7(AE05)	Abgeschlossen	Hoch
0.009.56.7 29.00	21.03.2012	0001	0001	AE-Elektromont.(AE04)	Abgeschlossen	Normal

Tabelle 2-7: Transportaufträge 22.000 bis 29.142 nach Auftragsnummern Teil 3

Hier sind vor allem die Abladestelle, der Transportstatus und die Priorität wichtig. Die Abladestelle gibt an, an welchem Bahnhof im Werk 1 der Firma Kapp, der LKW-Fahrer die Ware abladen muss. Des Weiteren wurde sich in dieser Übersichtserstellung nur auf die Transportauftragsnummern mit dem „Transportstatus abgeschlossen" konzentriert. Der Punkt Priorität zeigt, wie dringend ein Auftrag fertig zusammengestellt werden muss, um eine schnelle Lieferung ins Werk 1 der Firma Kapp zu gewährleisten. Alles in allem sind diese 3 Punkte die wichtigsten in der Übersicht.

Nun zum letzten und vierten Teil der Übersicht, indem noch einmal besonders auf den Punkt Typ und Nettogewicht eingegangen wird, bevor die Pivot Tabelle genauer betrachtet werden kann. Diese soll vor dem Beginn des dritten Kapitels als Grundstein für den weiteren Verlauf dieser Arbeit gelten.

Teil 4 der Übersicht:

Material	Typ	Brutto-gewicht	Netto-gewicht	Eh	Woche	Monat	Kalenderjahr	Allg. Zähler
2.760.06.355.00	Maschine	0	1,100	KG	201 212	201 203	2012	1
2.760.06.360.00	Maschine	0	0,714	KG	201 212	201 203	2012	1
0.009.56.729.00	Service Reparatur	1	0,700	KG	201 212	201 203	2012	1

Tabelle 2-8: Transportaufträge 22.000 bis 29.142 nach Auftragsnummern Teil 4

Der Typ gibt an, ob das Teil entweder für eine Maschine oder für eine Service Reparatur bestimmt ist. Das Nettogewicht spielt insofern eine Rolle, da das zulässige Höchstgewicht des Regalabteiles nicht überschritten werden darf. Zur besseren Visualisierung / Darstellung des Sachverhaltes wird die Pivot Funktion im Excel angewandt.

Folgende Abbildung soll die Grundlage zur Berechnung der Pivot Werte zeigen:

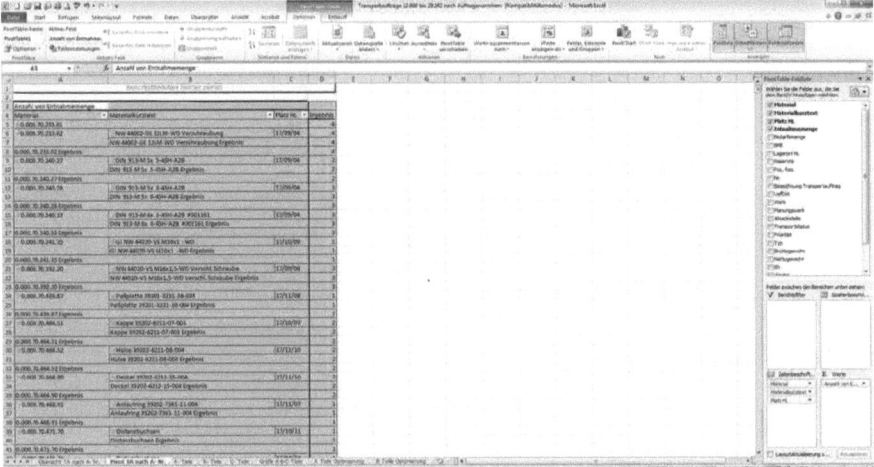

Abbildung 2-4: Screenshot von Excel Tabelle, Berechnung von Pivot Elementen

Aus der oberen Pivot Berechnung ist die folgende Tabelle entstanden.

Anzahl von Entnahmemenge			
Material	Materialkurztext	Platz HL	Entnahmemenge
0.000.70.233.01			4
0.000.70.233.02	NW 44002-GE 12LM-WD Verschraubung	17/09 /04	4
	NW 44002-GE 12LM-WD Verschraubung Ergebnis		4
0.000.70.233.02 Ergebnis			4
0.000.70.240.27	DIN 913-M 5x 5-45H-A2B	17/09 /04	2
	DIN 913-M 5x 5-45H-A2B Ergebnis		2
0.000.70.240.27 Ergebnis			2
0.000.70.240.28	DIN 913-M 5x 6-45H-A2B	17/09 /04	3
	DIN 913-M 5x 6-45H-A2B Ergebnis		3

Tabelle 2-9: Pivot TA nach A-Nr.

Nach intensiven Überlegungen ist festzustellen, dass folgende 4 Werte für die Durchführung der ABC-Analyse am wichtigsten sind, da diese als Ausgangspunkt für die Optimierung des Großteillagers essentiell sind. Diese werden in Kapitel 3 noch einmal spezieller und genauer erörtert werden. Aufgrund dieser Tabelle ist zu überlegen, welche Teile als A, B und C Teile genommen werden könnten. Hierbei hat man sich an der Spalte Ergebnis orientiert, die die gesamte Entnahmemenge aller Teile von allen Auftragsnummern in der Pivot Tabelle zeigt. Natürlich hätten noch mehr Datensätze in die Pivot Berechnung mit einbezogen werden können, aber es wurden bewusst nur die wichtigsten Daten genommen, um klare Aussagen mit Hilfe der ABC-Analyse treffen zu können und dem Ziel, das Lager zu optimieren, ein Stück näher zu kommen. Die Durchführung einer ABC-Analyse (Punkt 3.1) wird zunächst theoretisch aufgearbeitet, danach ein kleiner Vergleich mit der XYZ-Analyse, bevor dann die Ergebnisse aus der Praxis präsentiert werden können. Die Optimierung des Großteillagers hinsichtlich der zurückgelegten Wege, basierend auf der ABC-Analyse (Punkt 3.2), wird sich mit dem Optimierungspotenzial beschäftigen, wobei besonders das Aufzeigen von Quickwins (Punkt3.2.1) und den langfristigen Planungen (Punkt3.2.2) dieses Kapitel abrunden wird.

Zur besseren Visualisierung nun ein paar Bilder, welche Transportboxen und Paletten verwendet werden und wo sich der Warenausgang für die LKW Fahrer befindet.

Abbildung 2-5: Transportkisten

Auf diesem Bild ist zu sehen, dass unterschiedliche Größen von Transportkisten zur Verfügung stehen. Die grauen Paletten sind mit Anti-Rutsch Matten versehen. Kleine sensible Teile werden noch zusätzlich in rote Boxen, die ebenso mit Anti-Rutsch Matten versehen sind, auf die Palette gestellt und mittels eines Hubwagens in die Halle 2 zum Warenausgang transportiert.

Dieses Bild zeigt den Blick in das Lager HL01, wobei dies den größten Teil des Großteillagers und des Kleinteillagers zeigt.

Abbildung 2-6: Betrachtung Lagerregalsystem Halle 1

Auf folgendem Bild ist der Warenausgang zu sehen:

Abbildung 2-7: Warenausgang Bild 1

3. Kapitel: Analyse

Im Kapitel 3 angekommen, werden zuerst die theoretischen Grundlagen behandelt und vertieft, bevor der Praxisteil, welcher mit Hilfe der Excel Tabelle veranschaulicht wird, beginnen kann. Vor allem Kapitel 3.2 mit den Unterpunkten 3.2.1 und 3.2.2 stellen das erkenntniserweiternde Kernstück der vorliegenden Arbeit dar, auf deren Basis im anschließenden Kapitel 4, Resümee gezogen wird.

3.1 ABC Analyse

Eine Sicht der ABC-Analyse/ XYZ-Analyse

Durch die ABC-Analyse ist es möglich die Materialien anhand ihres Wert-Mengen-Verhältnisses in verschiedene Klassen einzustufen. Aus diesem Grund werden die Güter bei der ABC Analyse wie folgt unterteilt:

A-Güter sind Materialarten mit hohem Anteil an Wert (60 – 80 %) und niedrigem Anteil an der Gesamtmenge der Materialarten. Bei der Materialplanung haben diese höchste Priorität.

B-Güter sind Materialarten, die beim Gesamtwert unter (10 – 30 %) und bei der Menge über den entsprechenden Anteilen der A-Güter liegen. Bei den B-Gütern ist der Planungsaufwand höher als bei C-Gütern, jedoch geringer als bei A-Gütern.

C-Güter haben, spiegelbildlich zu A-Gütern, einen niedrigen Anteil am Gesamtwert (<10 %) und einen hohen Anteil an der Menge. Wegen ihres geringen Wertes wird der Dispositionsaufwand für C-Güter absichtlich klein gehalten.

Die Prozentangaben sind als Richtwerte zu verstehen. Die Festlegung der Grenzen liegt im Ermessen des Bedarfsermittlers.

Nun zum Vorgehen bei der ABC-Analyse.

Mit der Anzahl der zu disponierenden Materialarten steigt der Nutzen der ABC-Analyse. Am folgenden Beispiel eines Fahrradherstellers wird die ABC-Analyse in vier Schritten erklärt.

Im ersten Schritt werden die Menge und der Wert je Materialart erfasst und zudem erfolgt die Ermittlung des Gesamtwertes (absolut und relativ).

Im zweiten Schritt werden Rangziffern entsprechend der Wertanteile (1 steht für den höchsten Wertanteil) vergeben.

Folgende Grafik soll die Theorie verdeutlichen:

Material-art	Menge Stück	Wert pro Stück	Gesamtwert/Periode absolut	in %	Rang
111	50	600,0	30.000	41,0%	1
222	120	100,0	12.000	16,4%	2
333	60	110,0	6.600	9,0%	3
444	200	30,0	6.000	8,2%	4
555	20	250,0	5.000	6,8%	5
666	180	20,0	3.600	4,9%	6
777	160	17,0	2.720	3,7%	7
888	130	14,0	1.820	2,5%	8
999	110	12,0	1.320	1,8%	9
1000	100	11,0	1.100	1,5%	10
1111	90	10,0	900	1,2%	11
2222	80	9,0	720	1,0%	12
3333	70	8,0	560	0,8%	13
4444	600	0,7	420	0,6%	14
5555	50	6,0	300	0,4%	15
6666	400	0,5	200	0,3%	16
Summe	2.420		73.260	100,0%	

Tabelle 7.1: ABC-Analyse: Mengen- und Wertermittlung für Fahrradteile

Abbildung 3-1: Kummer Grafik Seite 104 oben

Im dritten Schritt Klassenbildung nach dem Gesamtwert.

Material-art	Gesamtwert/Periode in %	kumuliert	Anteil Materialart kumuliert	Klasse	
111	41,0%	41,0%	6,25%	A	
222	16,4%	57,3%	12,50%	A	
333	9,0%	66,3%	18,75%	A	
444	8,2%	74,5%	25,00%	A	74,53%
555	6,8%	81,4%	31,25%	B	
666	4,9%	86,3%	37,50%	B	
777	3,7%	90,0%	43,75%	B	
888	2,5%	92,5%	50,00%	B	
999	1,8%	94,3%	56,25%	B	
1000	1,5%	95,8%	62,50%	B	21,24%
1111	1,2%	97,0%	68,75%	C	
2222	1,0%	98,0%	75,00%	C	
3333	0,8%	98,7%	81,25%	C	
4444	0,6%	99,3%	87,50%	C	
5555	0,4%	99,7%	93,75%	C	
6666	0,3%	100,0%	100,0%	C	4,23%
Summe	100,0%				100,0%

Tabelle 7.2: ABC-Analyse: Rangreihung nach dem Wertanteil und Klassenbildung.
In der Tabelle treten Rundungsdifferenzen auf.

Abbildung 3-2: Kummer Grafik Seite 104 unten

Auf eine der insgesamt 16 Materialarten entfallen in diesem Beispiel jeweils 6,25%. Die C-Güter bleiben aufgrund der geringen Wertigkeit unbeachtet. Materialart-Nr. 555 in Tabelle 7.2 kann entweder der Klasse der A-Güter oder der B-Güter zugeteilt werden.

Im vierten Schritt erfolgt die grafische Darstellung:

Das Ergebnis der ABC-Analyse wird in Form eines Diagramms oder in einer Summenkurve (Lorenzkurve) dargestellt.

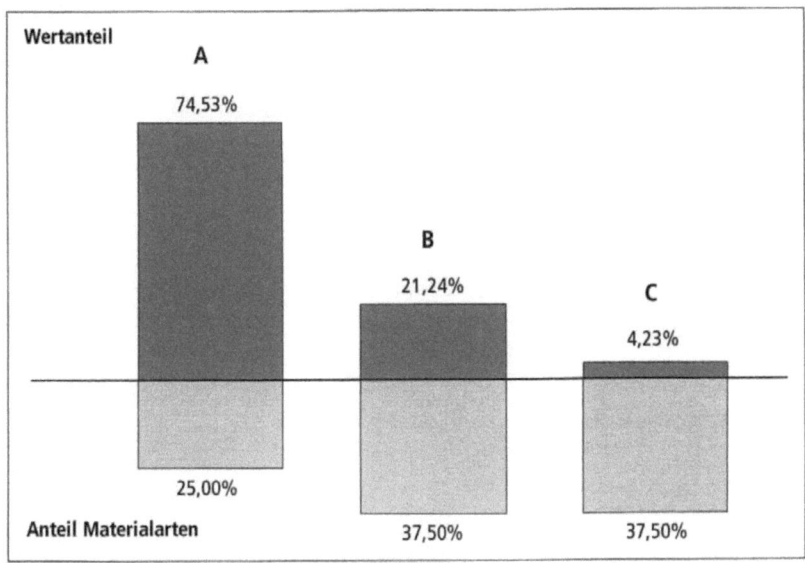

Abbildung 7.2: Grafische Darstellung der ABC-Analyse

Abbildung 3-3: Kummer Grafik Seite 105

Da das Problem, knappe Dispositionsressourcen zielgerichtet einzusetzen, nicht nur bei der Bedarfsermittlung von Material auftritt, wird die ABC-Analyse auch im Kunden- oder Lieferantenmanagement als Einordnung verwendet.[8]

Weber ist zu diesem Thema der Meinung: „Bei der Suche, wie bekäme ich die Materialwirtschaft noch besser in den Griff, würde sich die ABC-Analyse anbie-

---

[8] Vgl. Kummer et. alt.,2009, S.103-104

ten. Durch die ABC-Analyse werde ein Maßstab für die Wertigkeit der Lagerhaltung eines jeden Einzelteiles geschaffen. Verbrauch und Wertigkeit gehe in die Rechnung ein."[9]

Eine andere Meinung zu diesem Thema vertreten Brumme et.alt. „Es heiße zwar, dass man keiner Statistik trauen könne, die man nicht selbst gefälscht habe - für eine zielführende Logistikanalyse müssen aber in jedem Fall abgesicherte Fakten verfügbar sein bzw. erhoben werden. Andernfalls würden sich Fachdiskussionen schnell im Kreis drehen oder es würden, was noch fataler sei, falsche, mit hohen Folgekosten verbundene Entscheidungen getroffen."[10]

XYZ-Analyse

Nachdem die ABC-Analyse erklärt wurde, soll nun auf die XYZ-Analyse eingegangen werden.

Mit Hilfe der XYZ- (RSU-) Analyse werden die Güter auf der einen Seite nach den Kriterien der Stetigkeit und auf der anderen Seite nach der Vorhersagegenauigkeit ihres Verbrauches klassifiziert und daraus drei Klassen gebildet:

X-(R-)Güter werden ständig benötigt und dadurch besteht eine hohe Prognosegenauigkeit. Aus diesem Grund eignet sich ein einfaches Verfahren.

Y-(S-)Güter sind durch eine mittlere Prognosegenauigkeit und durch stärkere, meist saisonale Schwankungen gekennzeichnet und erfordern einen höheren Dispositionsaufwand.

Z-(U)Güter brauchen ein aufwendiges Dispositionsverfahren, da sie einen unregelmäßigen Verbrauch und eine niedrige Prognosegenauigkeit haben.[11]

---

[9] Vgl. Weber, 2006, S.57
[10] Vgl. Brumme et.alt., 2010, S.179-180
[11] Vgl. Kummer et. alt., 2009, S.110-111

Hier nun eine Grafik zur Verdeutlichung der bereits oben genannten Theorie:

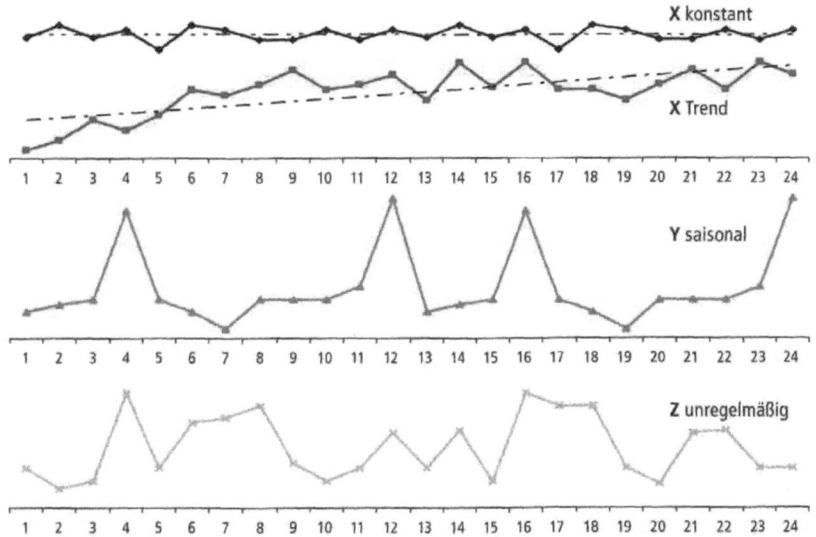

Abbildung 7.6: Bedarfsverläufe von XYZ-Gütern

Abbildung 3-4: Kummer Grafik Seite 111

Brumme et.alt. sind der Meinung: „Eine Segmentierung nach ABC-Kriterien bilde schon eine gute Basis für erste Beschaffungs- und Bevorratungsstrategien. Meist aber sei es sinnvoll, noch zusätzliche Kriterien zu betrachten und zu werten. Diese könnten über eine nachgeschaltete Sekundäranalyse, die sog. XYZ-Analyse, ermittelt werden."[12]

---

[12] Vgl. Brumme et.alt., 2010, S.183

Nach diesem ersten Einblick in den theoretischen Aufbau der ABC/XYZ-Analyse, soll noch ein weiterer erfolgen, der sich vor allem mit der Kostenfrage beschäftigt.

Eine weitere Sicht der ABC/XYZ-Analyse

Die ABC-Analyse ist wichtig für den Unternehmenserfolg. Die einzelnen Kunden werden nach ihrer Wichtigkeit in die Kategorien A, B und C eingeteilt. Das Vorgehen kann genauso bei den Kostenfaktoren angewendet werden.[13]

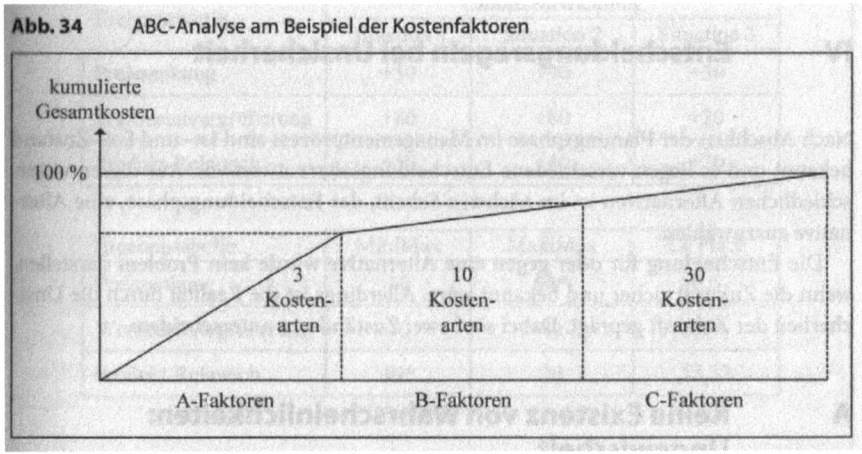

Abbildung 3-5: Sigloch, Egner, Wildner Grafik Seite 81

Sigloch et. alt. sind hier der Meinung: „Die Bedeutung der A-Faktoren für das Unternehmen sei im Beispiel am größten. Eine Einzelbetrachtung der Faktoren scheine für die Unternehmung ratsam, während die Bedeutung der C-Faktoren für das Unternehmen gering sei."[14]

---

[13] Vgl. Sigloch et.alt., 2011, S.81
[14] Vgl. Sigloch et.alt., 2011, S.81

Hier wird auf eine weitere Betrachtung der XYZ-Analyse, die auch als sogenannte Sekundäranalyse oder als RSU-Analyse bekannt ist, eingegangen. Dabei werden folgende Materialarten unterschieden:

X-Teile sind Güter, die regelmäßig benötigt werden. Durch die Vorhersehbarkeit ist eine hohe Planbarkeit des Einsatzes von X-Teilen nur möglich, wenn der Aufwand gegenüber der Menge der benötigten Teile gerechtfertigt ist. Andernfalls sollte ein Vorrat angelegt werden.

Als Y-Teile bezeichnet man Güter, die einem mehr oder weniger hohem Bedarf unterliegen, z.b. durch saisonbedingte Schwankungen. Dadurch ist der Bedarf von Y-Teilen nicht so genau planbar wie bei X-Teilen, weswegen man sich Y-Teile auf Vorrat anlegen sollte.

Z-Teile sind Güter, die nur gelegentlich benötigt werden und deshalb ist der Bedarf an Z-Teilen nicht planbar. Sie sollten nur im Einzelfall beschafft und bereitgestellt werden und es müssen lange Lieferzeiten in Kauf genommen werden.

Die XYZ-Analyse wird mitunter auch als RSU-Analyse bezeichnet. Das „R" für „regelmäßig", das „S" für „saisonal" und das „U" für „unregelmäßig". Basis für die XYZ- bzw. RSU-Analyse sind subjektive Einschätzungen, die z.B. auf Erfahrungen der Vergangenheit gestützt sein können.

Durch die Kombination der XYZ- und der ABC-Analyse kann die Effizenz der Materialbedarfsplanung weiter erhöht werden. Für wichtige Teile (A- und B-Teile), deren Bedarf planbar ist (X-Teile und zum Teil auch Y-Teile), ist eine genaue Disposition erforderlich. Für die selten benötigten (Z-Teile), genügt eine manuelle Planung, unabhängig von deren Bedeutsamkeit und dem Wert (A, B und C-Teile).[15]

---

[15] Vgl. Sigloch et. alt., 2011, S.141-142

Nun, da der theoretische Teil der ABC-Analyse beendet ist, wird im Folgenden auf Praxisbeispiele eingegangen.

A-Teile haben 10%, B-Teile 20% und C-Teile 70 % Anteil an der Gesamtsumme aller Teile. Beginn der ABC-Analyse des Lagers bei Agiflex. Die A-Teile umfassen dabei die Häufigkeit der Entnahmemenge im Betrachtungszeitraum von 182 bis 100, die B-Teile der Entnahmemenge im Betrachtungszeitraum von 95 bis 30 und die C-Teile der Entnahmemenge im Betrachtungszeitraum von 29 bis 1.

Auszug der Tabelle mit A-Teilen:

Material	Materialkurztext	Platz Hl	Entnahmemenge im Betrachtungszeitraum
0.002.49.702.34	Messsystem LC 183 - 340 - 0,005	009/03/300	128
0.002.49.702.41	Adapterkabel für LC 183, 1m	16/06/07	158
0.003.50.375.00	SCHARNIER 50 X 50	08/03/14	105
0.006.11.475.00	Metallbalgkupplung BK5/80/94/32F7/32F7	007/11/202	162
0.006.77.131.00	Einbauadapter E30073 für Sensor SI1002	07/02/12	121
0.006.77.136.00	Strömungssensor SI5000	07/01/06	118
0.007.79.215.00	Kolbenverteiler 342 444 000	08/02/16	114
0.009.20.226.00	Klemmhalter mit Festanschlag	14/06/11	148
0.009.20.227.00	Ind. Näherungsschalter M12x1, SN=2mm	14/04/06	173
0.009.58.617.00	Druckmeßumformer C-10, 0..10 bar Desina	06/03/04	111
0.009.58.618.00	Druckmeßumformer C-10, 0..100 bar Desina	16/00/03	182
0.009.64.872.00	Energieketten-Glied	007/09/404	148

0.009.64. 876.00	SATZ ANSCHLUßELEMENTE (2STÜCK)	15/04/ 13	136
0.009.80. 359.01	Buchseneinsatz10pol.0933 010 2716Käfigzu	15/06/ 11	100
0.009.81. 526.00	STECKER GERADE PT06EG 14-12PN	14/00/ 10	130
2.600.06. 165.04	ANPASSSTOPFEN	08/05/ 13	122

Tabelle 3-1: Transportaufträge 22.000 bis 29.142 nach Auftragsnummern A-Teile

Die A-Teile haben einen Anteil von 4,44% an der Summe aller Teillieferungen. Dieser Prozentwert entspricht 10% bei der ABC-Analyse. Bei den A-Teilen muss ein Mitarbeiter, wenn er alle A-Teile für einen Auftrag benötigt, eine Strecke von 222,2 Metern zurücklegen. Deswegen ist es wichtig, über eine Optimierung des Lagers nachzudenken, sprich die Laufwege zu verkürzen.

Auszug aus der Tabelle der B-Teile:

Material	Materialkurztext	Platz Hl	Entnahmemenge im Betrachtungszeitraum
0.001.49. 301.13	SPANNRING DN200, O. DICHTMASSE	005/07 /303	35
0.001.49. 301.59	Schlauchanschlussstutzen NW250	020/04 /201	56
0.001.49. 301.60	Spannring o. Dichtmasse NW250	001/06 /202	70
0.001.49. 301.78	Anschlussstutzen NW 250	020/02 /201	33

0.002.49. 701.46	Taststiftverlängerung 20mm,	05/06/ 09	37
0.002.49. 702.60	HPGA-Antriebseinheit A-5616-0352	003/05 /400	50
0.002.49. 702.64	Messarm-Verlängerung abgewinkelt	16/03/ 1-2	39
0.002.49. 771.00	MESSTASTER TYPE LP 2,	21/07/ 01	54
0.002.49. 777.00	Taststiftverlängerung 10mm	05/06/ 10	44
0.002.49. 778.00	TASTSTIFT D = 2 X 20 MM	05/06/ 10	45
0.002.49. 782.00	Taststift D = 1 x 20 MM	05/06/ 08	50
0.002.50. 103.00	SHS 8 D894 GESCHW	09/06/ 10	30
0.002.50. 105.00	SHS 10 D894 GESCHW	09/06/ 10	45
0.002.50. 107.00	SHS 12 D894 GESCHW	09/06/ 10	44

Tabelle 3-2: Transportaufträge 22.000 bis 29.142 nach Auftragsnummern B-Teile Auszug

Hier wurde nur ein Auszug der B-Teile gewählt, da dieser zur Verdeutlichung der Theorie ausreicht. Die B-Teile entsprechen 30,56% der Summe aller Teillieferungen. Also 20% bei der ABC-Analyse.

Auszug aus der Tabelle der C- Teile:

Material	Materialkurztext	Platz Hl	Entnahmemenge im Betrachtungszeitraum
0.000.70.2 33.01	NW 44002-GE 10LM-WD	17/09 /04	4
0.000.70.2 33.02	NW 44002-GE 12LM-WD Verschraubung	17/09 /04	4
0.000.70.2 40.27	DIN 913-M 5x 5-45H- A2B	17/09 /04	2
0.000.70.2 40.28	DIN 913-M 5x 6-45H- A2B	17/09 /04	3
0.000.70.2 40.33	DIN 913-M 6x 6-45H- A2B #301161	17/09 /04	3
0.000.70.2 41.35	G! NW 44020-VS M10x1 - WD	17/10 /09	1

Tabelle 3-3: Transportaufträge 22.000 bis 29.142 nach Auftragsnummern C-Teile Auszug

Hier wurde nur ein Auszug der C-Teile gewählt, da dieser zur Verdeutlichung der Theorie ausreicht. Die B-Teile entsprechen 64,80% der Summe aller Teillieferungen. Also 70% bei der ABC-Analyse.

Zum Abschluss noch eine Grafik der Gesamtübersicht aller A-, B- und C-Teile:

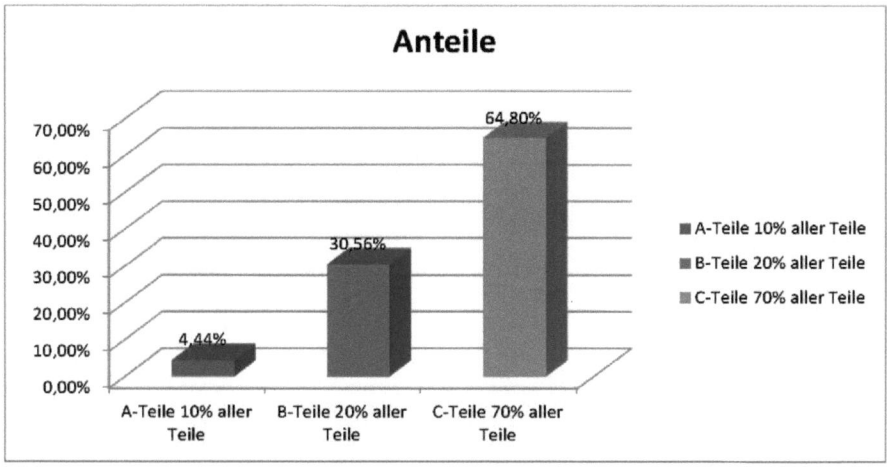

Abbildung 3-6: Transportaufträge 22.000 bis 29.142 nach Auftragsnummern Grafik A-B-C-Teile

3.2 Optimierung des Großteillagers

Dieser Punkt erläutert die verschiedenen Lagersysteme.

Die Zwischenlagerung von Produkten oder Teilen würde stets eine Unterbrechung des Materialflusses bedeuten, diese wird sich jedoch nicht völlig in Produktionsbetrieben vermeiden lassen.[16]

Des Weiteren ist Schulte hier der Meinung: „Die grundlegende Aufgabe eines Lagers bestehe in der wirtschaftlichen Abstimmung unterschiedlich dimensionierter Güterströme". Lagerhaltungsmotive könnten sein:

- Ausgleichsfunktion
- Sicherungsfunktion
- Assortierungsfunktion

---

[16] Vgl. Schulte, 2009, S.227

- Spekulationsfunktion
- Eingangs-Lager
- Absatzlager

Entsprechend dem Zentralisierungsgrad von Längen gäbe es zentrale und dezentrale Lager, so Schulte.[17]

Gudehus ist zu diesem Thema der Meinung: „Jedes Lager bestehe aus einer Anzahl von N_{LP} Lagerplätzen[LP]. Ein Lagerplatz könne einen oder mehrere Stellplätze[SP] haben, die wiederum eine oder mehrere Ladeeinheiten aufnehmen könnten."[18]

Ein weiterer Punkt ist die Lagerorganisation und die Lagerplatzvergabe.

In der Praxis hat sich die sogenannte teilchaotische Lagerorganisation durchgesetzt. Teilchaotisches Lagern bedeutet, dass alle Regale, Flächen etc. eindeutig nach Feldern, Stellplätzen etc. nummeriert sind.

Der Mitarbeiter des Lagers kann somit eine Ebene für die chaotische Lagerung nach freien Feldern benutzen, wobei er sich jedoch genau an diesen begrenzten Freiraum halten muss und für die EDV- Organisation den jeweiligen Lagerplatz auf den Beleg des Wareneinganges mit angibt.

Vorteile der teilchaotischen Lagerorganisation sind:

1. In begrenztem Maße können freie Plätze optimal genutzt werden.
2. Man kann ohne großen Organisations- und Wissensstand, auch wenn der Computer ausgeschaltet ist, die Lagerteile finden.[19]

---

[17] Vgl. Schulte, 2009, S.228-229
[18] Vgl. Gudehus, 2010, S.572
[19] Vgl. Weber, 2009, S.60-61

Der nächste Punkt ist die chaotische Lagerplatzvergabe, die mit Praxis-Bildern veranschaulicht werden soll.

Im Gegensatz zur festen Lagerplatzvergabe wird bei der chaotischen Lagerung jeder Artikel an einen freien Lagerort abgelegt. Durch die wesentlich höheren Anforderungen an die organisatorische Abwicklung ist die Umsetzung einer chaotischen Lagerplatzvergabe nur mit einem EDV System durchführbar. Die Vorteile der chaotischen Lagerung liegen in der besseren Kapazitätsauslastung des zur Verfügung stehenden Lagerraumes. Aus diesem Grund kann mit dieser Methode eine Ersparnis von 50% des Lagerplatzes erreicht werden. Als Nachteil ist zu bedenken, dass die EDV Unterstützung bei dieser Art der Lagerplatzvergabe wichtig ist. Eine unbedingte Voraussetzung eines auf chaotischen Lagerungsprinzipien basierenden Kommissionierlagers bildet die Optimierung der Wegstrecken, die ein Lagermitarbeiter zurücklegen muss, um einen Kommisionierungsauftrag abzuschließen.[20]

---

[20] Vgl. Bernnat, 1997, S.74-75

Als Abschluss ein paar Bilder vom Lager der Firma Agiflex:

Abbildung 3-7:Bild Regalsystem 1

Logistikprozesse- Potentiale erkennen und nutzen

Abbildung 3-8:Bild Regalsystem 3

Abbildung 3-9:Bild Regalsystem 4

3.2.1 Aufzeigen von Quickwins über den Betrachtungszeitraum vom 21.03.2012 bis 26.11.2012

In diesem Kapitel geht es um die Lageroptimierung bei Agiflex.

Alle A-Teile werden in das Regalsystem des Großteillagers umgelagert, so dass diese einen neuen Lagerplatz erhalten und zwar: 008/11/100-500. Nachdem diese Optimierung durchgeführt ist, reduziert sich der Weg von 222,2 Metern um 212,2 Metern auf lediglich 10 Meter.

Folgende Tabelle zeigt das Einsparpotenzial durch die A-Teile Optimierung:

Berechnung:		Aus TA Übersicht			
x	=	1,33 min	pro Kom. Teil		
29,90 €		60 min			
Stundensatz Agiflex					
x	=	1,33* 29,90	39,767	0,66	Kosten
		60 min	60 min	€	pro Teil
Einsparung Wegstrecke pro Teil					
10,00 m	=	0,0450045			
222,20 m			0,63 €		
		0,03 €			
Einsparung in Euro		1.364,65 €	ungefähr	**1.400** €	bei A-Teilen

Tabelle 3-4: Transportaufträge 22.000 bis 29.142 nach Auftragsnummern A Teile Optimierung

Wenn die A-Teile optimiert werden, ergibt sich eine Einsparung von 0,63€ pro Teil. Somit kostet eine Kommissionierung eines A-Teiles nur noch 0,03€. Dies hat den Vorteil, dass die Mitarbeiter des Lagers die gewünschten Teile schneller finden und nur ein Regal ansteuern müssen, um alle benötigten A-Teile zu holen. Ein weiterer Vorteil entsteht dadurch, dass der Mitarbeiter an einem Tag noch mehr Teile kommissionieren kann und die Produktivität und die Kapazitätsauslastung weiter ansteigen.

Den B-Teilen werden ebenfalls neue Lagerplätze zugewiesen von 008/1-10/100-500 bis 007/1-11/100-500. Durch diese Optimierung wird der Weg noch einmal von 111,1 Metern, um 91,1 Metern, auf 20 Meter reduziert.

Folgende Tabelle zeigt das Einsparpotenzial der B-Teile Optimierung:

Berechnung:		Aus TA Übersicht			
x	=	1,33 min	pro Kom. Teil		
29,90 € Stundensatz Agiflex		60 min			
x	=	1,33* 29,90	39,767	0,66 €	Kosten pro Teil
		60 m	60 m		
Einsparung Wegstrecke pro Teil					
20,00 m	=	0,180018002			
111,10 m			0,54 €		
		0,12 €			
Einsparung in Euro		8.067,82 €	ungefähr	**8.100** €	bei B-Teilen

Tabelle 3-5: Transportaufträge 22.000 bis 29.142 nach Auftragsnummern B Teile Optimierung

Aufgrund der Optimierung der B-Teile ergibt sich eine Einsparung von 0,54€ pro Teil.

Die C-Teile bleiben hier unbetrachtet, da die benötigten Mengen keine Gewichtung für das Einsparungspotenzial haben.

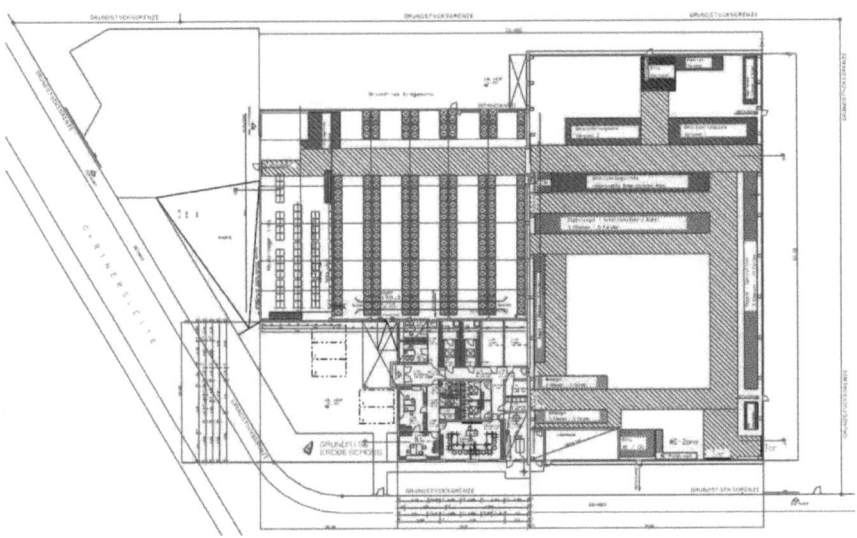

Abbildung 3-10: ERDGESCHOSS Agiflex 2

3.2.2 Langfristige Planungen

Bei diesem Punkt ist noch zu bemerken, dass durch das Einsparungspotenzial bei den A- und B-Teilen auf langfristige Sicht zum jetzigen Zeitpunkt eine Einsparung von 9.432,47€, also ungefähr 9.500€ pro Jahr möglich ist. Diese Einsparungen können in der Zukunft dazu genutzt werden, z.B. weitere Projekte durchzuführen und weitere Optimierungen anzustreben und den Gewinn des Unternehmens zu vergrößern.

Als weiterer Punkt kann aber auch die Optimierung der Maschinenwägen weiterhin verfolgt werden. Hierzu wurde ein entsprechendes Dokument im Rahmen einer internen Überlegung ausgearbeitet.

Ältere Lösung eines Maschinenwagens:

Abbildung 3-11: Bild Maschinenwagen alt

Zu diesem Wagen ist zu sagen, dass die Teile, die für eine Maschine benötigt werden, einfach zu groß sind und nicht in die einzelnen Fächer, laut Bestückungsanweisung, passen. Aus diesem Grund wurde eine neue Art von Maschinenwagen konzipiert, der hier kurz erläutert werden soll.

Maschinenwagen neu:

Abbildung 3-12:Bild Maschinenwagen neu

Dies ist ein Kompromiss von Maschinebau und Logistik, der zwar eine Verbesserung zum vorherigen Modell darstellt, letztlich aber immer noch nicht voll ausgereift ist. Eine mögliche Untergliederung der Ebenen könnte so aussehen, dass sie die einzelnen Montageschritte wiederspiegelt:

1. Ebene: Untergliederung A-C
2. Ebene: Untergliederung D-F
3. Ebene: Untergliederung G-I
4. Ebene: Untergliederung J-M

Diese Lösung hätte den Vorteil, dass neben dem Maschinenwagen nicht mehr so viele extra Paletten benötigt werden und so auch wieder mehr Platz auf dem LKW entsteht, der anderweitig genutzt werden kann.[21]

4. Kapitel: Kontrolle der Ergebnisse

In diesem Kapitel wird es nun darum gehen, genauer in Kapitel 4.1, einen Vergleich vor und nach der Optimierung anzustellen, bevor die Arbeit dann in Kapitel 4.2 ihren Abschluss finden wird.

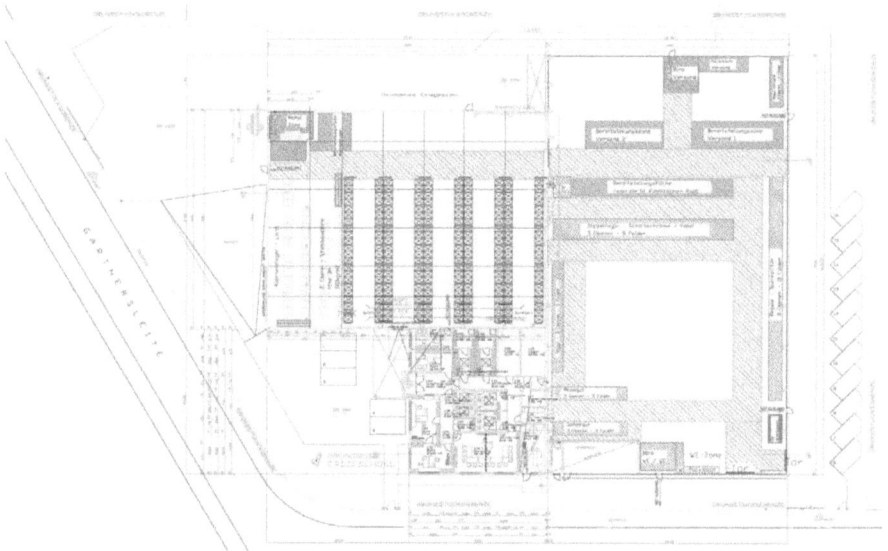

Abbildung 4-1:Bild ERDGESCHOSS Agiflex

Auf dieser Abbildung ist der komplette Lageplan der Firma Agiflex mit den eingezeichneten Regalflächen zu sehen.

---

[21] Entstanden aus einer internen Überlegung bei Agiflex

4.1 Vergleich vorher und nachher in Bezug auf die Optimierung

In diesem Abschnitt ist zu sagen, dass durch die Optimierung die Laufwege bei den A-Teilen von 222,2 Meter auf 10 Meter verringert wurden und bei den B-Teilen von 111,1 Metern auf 20 Meter. Dank dieser Optimierung könnten ca. 9.500 €, auf ein gesamtes Jahr gerechnet, eingespart werden. Des Weiteren können sich die Mitarbeiter auch noch auf andere Aufgaben während ihrer Arbeitszeit konzentrieren, weil die Kommissionierung der Teile weniger Zeit in Anspruch nimmt. Aus diesem Grund ist die Optimierung notwendig oder zumindest sehr sinnvoll, da durch diese weitere Kapazitäten geschaffen werden können, die den Gewinn des Unternehmens erhöhen.

4.2 Schlusswort/Resümee

Um noch einmal auf die Problemstellung zurückzukommen, wird mit Punkt 1.1 begonnen. In diesem Punkt wird in der Einleitung dem Leser veranschaulicht, wie der Begriff Logistik heute und in der Vergangenheit zu verstehen ist, außerdem eine klare Definition des Servicedenkens, was in der heutigen Zeit immer wichtiger wird. Besonders der Kundenservice oder die Kundenzufriedenheit spielen eine wichtige Rolle. Ein weiterer Punkt ist die Distributionslogistik, hinter der sich weit mehr, als nur der Warentransport von A nach B, versteckt. Punkt 2.1 beschäftigt sich mit der Auswahl der relevanten Datensätze. Dieser Punkt ist ein sehr wichtiger Grundstein für den weiteren Verlauf der Arbeit. Hier werden die relevanten Daten ausgewählt und mit Hilfe der Pivot Funktion in Excel ausgewertet, so dass nur die wichtigsten Daten für die weitere Betrachtung verwendet werden können. In Punkt 2.2 werden diese Tabellen noch einmal genauer beschrieben. In Punkt 3.1 werden dem Leser zunächst zwei theoretische Sichten der ABC/XYZ-Analyse, von den Autoren Kummer et. altera und Sigloch et. altera, vorgestellt, bevor danach das Praxisbeispiel, die Klassifizierung der Tabelle in A-

, B- und C-Teile folgt. Punkt 3.2 beschreibt einige Grundtypen von Lagersystemen, bevor auf die Begriffe Lagerorganisation und Lagerplatzvergabe eingegangen wird. Bei der Lagerplatzvergabe ist zu sagen, dass die teilchaotische Lagerplatzvergabe auch bei Agiflex angewendet wird, weil so zum einen freie Plätze in den Regalen optimal genutzt werden können, zum anderen bis zu 50% Lagerplatzersparnis erreicht werden können. Bei 3.2.1 geht es um das Aufzeigen von Quickwins. A- und B-Teile werden einer Optimierung unterzogen und das Einsparpotenzial wird errechnet. Die C-Teile sind bei der Optimierung uninteressant, da die C-Teile wenig entnommen werden. Punkt 3.2.2 und 4.1 sind gleich zu setzen, da hier die langfristigen Einsparpotenziale und der Vergleich vorher und nachher aufgezeigt werden. Mit diesen Worten wird die Bachelorarbeit abgeschlossen. „Omnia verba huc redeunt (Der Worte sind genug gewechselt, Laßt mich auch endlich Taten seh'n)".[22]

---

[22] Vgl. Goethe, Vorspiel zu Faust, 214-17

Literaturverzeichnis:

- Bernnat, Rainer (1997): „Strategien der Lagerplatzvergabe: „Rationalisierungspotenziale im Kommissionierlager". „Gabler Edition Wissenschaft, Logistik und Verkehr" (Hrsg.) Heinz Isermann, Wiesbaden.
- Brumme, H./Schröter, N./Schröter, I. (2010): „Supply Chain Management und Logistik", Stuttgart.
- Definition der Logistik bei DHL, http://www.dhl-discoverlogistics.com/cms/de/course/origin/defintion.jsp siehe PDF Dokument Definition Logistik DHL Ordner Literatur, Stand: 09.12.2012
- Definition der Distributionslogistik bei DHL, http://www.dhl-discoverlogistics.com/cms/de/course/processes/distribution_logistics/definition.jsp siehe PDF Dokument Definition Distributions Logistik Ordner Literatur, Stand: 09.12.2012
- Gudehus, T.(2010): „Logistik, Grundlagen- Strategien – Anwendungen", Berlin u.a. .
- Günther, H.O./Tempelmeier, H. (2009) : „Produktion und Logistik", Berlin u.a. .
- Kummer, S./Grün, O./Jammernegg, W. (2009): Grundzüge der Beschaffung , Produktion und Logistik, München.
- Service DHL, http://www.dhl-discoverlogistics.com/cms/de/course/origin/characteristics/service.jsp siehe PDF Dokument Service Ordner Literatur, Stand: 09.12.2012
- Schulte, Christof (2009): „Logistik, Wege zur Optimierung der Supply Chain", München.
- Sigloch, J./Egner, T./Wildner, S.(2011): „Einführung in die Betriebswirtschaftslehre", Stuttgart.

- Weber, R.(2009): „Lageroptimierung, Bestände- Abläufe-Organisation-Datenqualität-Stellplätze". (Hrsg.) Bartz, W.J./Messenholl, H.J./Wippler, E., Renningen
- Weber, R.(2006):„Zeitgemäße Materialwirtschaft mit Lagerhaltung, Flexibilität, Lieferbereitschaft, Bestandsreduzierung, Kostensenkung- das deutsche Kanban".(Hrsg.) Bartz, W.J./Wippler, E. , Renningen
- Link: http://www.dhl-discoverlogistics.com/cms/de/course/origin/ , Stand: 09.12.2012

i want morebooks!

Buy your books fast and straightforward online - at one of world's fastest growing online book stores! Environmentally sound due to Print-on-Demand technologies.

Buy your books online at
www.get-morebooks.com

Kaufen Sie Ihre Bücher schnell und unkompliziert online – auf einer der am schnellsten wachsenden Buchhandelsplattformen weltweit! Dank Print-On-Demand umwelt- und ressourcenschonend produziert.

Bücher schneller online kaufen
www.morebooks.de

VDM Verlagsservicegesellschaft mbH
Heinrich-Böcking-Str. 6-8   Telefon: +49 681 3720 174   info@vdm-vsg.de
D - 66121 Saarbrücken   Telefax: +49 681 3720 1749   www.vdm-vsg.de

Printed by Books on Demand GmbH, Norderstedt / Germany